인간의 마음

인간의 마음

발행일	2021년 1월 4일			
지은이	최동석			
펴낸이	손형국			
펴낸곳	(주)북랩			
편집인	선일영	편집	정두철, 윤성아, 최승헌, 배진용, 이예ː
디자인	이현수, 한수희, 김민하, 김윤주, 허지혜	제작	박기성, 황동현, 구성우, 권태련
마케팅	김회란, 박진관			
출판등록	2004. 12. 1(제2012-000051호.)			
주소	서울특별시 금천구 가산디지털 1로 168, 우림라이온스밸리 B동 B113~114호, C동 B101.			
홈페이지	www.book.co.kr			
전화번호	(02)2026-5777	팩스	(02)2026-5747

ISBN   979-11-6539-560-5 03150 (종이책)   979-11-6539-561-2 05150 (전자책)

AI시대,
인간만의 특성은
무엇인가?

인간의 마음

최동석 지음

동양철학적 관점에서 해석한
우주론 및 인간론

북랩 book Lab

머리말

　본 책의 분량은 매우 적으나 그 의의는 자못 작지 않을 것이라 생각한다. 기존 성리학의 태극론, 이기론과 다른 의견을 주장하면서도 그 논리성이 탄탄하기 때문이다. 필자의 15년 철학 공부의 성과를 담은 것으로, 독특한 관점에서 우주론 및 심성론에 대해 동양철학적 해석을 하였다. 이 책을 통해 이에 대한 새로운 시각을 획득하는 기쁨을 누릴 수 있기를 기대한다.

차례

지난 2016년 3월 열린 이세돌과 인공지능 알파고와의 바둑 대결의 결과는 세계를 깜짝 놀라게 했다. 우주의 별의 개수보다 수가 많다는 바둑에서 인공지능이 정상급 바둑기사인 이세돌 9단에게 4승 1패로 승리를 거둔 것이다.

그렇다면 인간은 무엇인가? 더 정확히 표현하자면 오롯이 인간만의 영역으로 간주할 수 있는 부분은 무엇인가?

초췌한 모습의 노인은 손을 떨면서 어렵게 글씨를 써 내려갔다. 사흘 후 자신이 저승으로 가게 될 것을 모르는 듯 말이다. 그가 죽기 사흘 전까지 고치고 다시 쓰고를 반복하며 고심했던 책이 바로 『大學(대학)』이다. 어쩌면 그는 언젠가 자신이 했던 "대학에 나의 필생의 공력이 들어 있다"라고 한 말을 후회하고 있는지도 모른다. 그러나 어쩌겠는가…. 이미 내뱉어진 말이고, 사실 또한 그랬다.

이 노인의 이름은 朱熹(주희), 흔히 朱子(주자)라는 이름으로 더 알려진, 중국 송나라 때의 道學者(도학자)이다.

이천 년이 넘는 유학사에서 아직까지 논쟁의 대상이 되고 있는 책이 바로 『대학』이다. 그리고 주자가 재조명하지 않았으면 박물관 한구석에 처박힌 신세가 될 수도 있었던 책이 또한 『대학』이다.

우리가 흔히 '四書(사서)'라고 일컫는 문헌은 『논어』, 『맹자』, 『대학』, 『중용』이다. 그리고 이 중 주자가 주석을 달기 전까지 거의 주목받지 못했던 책이 바로 『대학』인 것이다.

주자는 『대학』을 통해서 말하고 싶은 것이 있었다. 아니, 말하고 싶은 것을 『대학』을 통해서 풀어 냈다.

주자학의 鼻祖(비조) 朱熹(주희)의 자는 元晦(원회)와 仲晦(중회), 호는 晦庵(회암)이다. 남송 고종(高宗) 建炎(건염) 4년(1130년)에 태어나, 寧宗(영종) 慶元(경원) 6년(1200년)에 죽었다. 그의 생애는 南宋(남송)시대를 관통하고 있었다. 남송은 중국사에 있어 어떤 시대인가? 대외적으로는 이민족의 침입에 편할 날이 없었고, 대내적으로는 관리들의 농민에 대한 수탈이 극에 달하던 시기였다.

주희는 19세에 진사에 급제하였고, 이후 泉州(천주) 同安縣(동안현)의 注簿(주부)로 임명되었다. 그 밖에 여러 관직을 거쳤으며, 주희는 이르는 곳마다 행정을 잘 처리했다. 그러나 주희는 평생토록 벼슬하기를 좋아하지 않았다. 여러 차례 황제의 부름을 받았으나 응하지 않았고, 여러 이유를 들어서 사양하곤 하였다.

그는 어렸을 때부터 집안이 가난하였고, 나중에도

거의 벼슬을 하지 않았기 때문에 생활은 어려웠다. 평생동안 주희가 누렸던 최대의 기쁨이라면 저술과 강학 활동이었다.

앞서 서술한 바와 같이 이민족의 침략과 탐관오리의 전횡에 시달리던 시대를 살았던 주희였다. 그의 사상은 이러한 시대 상황과 결코 무관하지 않았다.

中原(중원)에서 오랑캐를 몰아내고, 관리들이 백성을 위한 爲民政治(위민정치)를 펼치는 것, 이 두 가지 사항과 주희의 사상은 불가분의 관계를 맺고 있다.

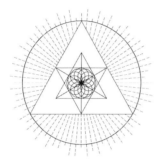

주희가 불가 및 도가의 영향을 깊게 받아 주자학의 사상 체계를 건립했음에도 불구하고, 이단에 대한 경계의 言句(언구)를 삽입한 것은 이러한 이민족의 지배 상황과 무관치 않아 보인다. 특히 중원 회복이라는 시대소명에 앞서 가장 중국적인 사상을 재조명하고 재해석하는 것이 무엇보다 중요하다고 인식했을 것이란 짐작이 가능하다. 그런데 유가의 사상이 형이상학적인 면에서 불가나 도가에 비해 빈약하다고 여겨질 여지가 많았다. 이런 점에서 기존의 유가사상에 형이상학적인 내용을 덧붙여서 다시금 사상의 중심에 가져다 놓았다고 할 수 있다.

주희의 두 번째 소명의식은 관리의 백성에 대한 수
탈에서 비롯된다. 탐관오리의 악행을 누구보다 분명
히 목격했을 주희는 그러한 악행에 대한 단죄이전에,
선이란 무엇이고 악은 무엇인지, 즉 절대진리에 대한
규정의 필요성을 느꼈을 것이다. 시대와 장소에 따라
변하지 않는 절대진리의 존재를 상정하고, 절대선과
절대악이 무엇인지를 분명히 밝혀 놓아야 절대선을
좇고 절대악을 피하는 행위를 추구하게 된다. 그리하
여 안 후에 행동할 수 있다는 '先知後行說(선지후행설)'
을 주장하게 되는 것이다.

주희에게 절대진리의 존재를 주장하기 위해서는 고전의 근거가 필요했다. 그리고 그 근거로 인용해 온 것이 바로 『대학』의 '格物(격물)-致知(치지)'이다. 아마도 주희는 『대학』의 '격물'-'치지' 이 두 구절이 존재하지 않았다면 그토록 평생의 공력을 들여 주석을 써 내려가고, 四書(사서) 중 하나로 편입시키지 않았을 것이다. 그리고 이 구절이 理學(이학)인 주자학과 心學(심학)인 양명학이 갈리게 되는 결정적인 구절이 된다.

우선 양명학의 격물치지론부터 살펴보자. 양명학에서는 격물을 正物(정물), 즉 바르지 못한[不正] 事(사)를 바른[正] 것으로 복귀, 회복시키는 것이라고 해석했다. 또한, 치지에서는 지를 良知(양지)로 해석하여 치지를 致良知(치양지)로 해석한다. 그리하여 치양지는 양지를 회복하여 실천한다는 의미가 된다. 양명학에서 격물치지는 격물, 즉 정물을 통하여 양지에 이르는 것을 말한다. 다시 말해 정물하여 양심을 회복한다는 의미인 것이다.

반면 주자학에서는 격물치지를 어떻게 해석하고 있
을까? 우선 격물을 '窮理(궁리, 사물의 이치를 궁구함)'로
해석했다. 그리하여 致知(치지), 즉 (보편적인) 앎에 이
른다는 것이다. 여기서 물은 형상을 지닌 개별적이고
구체적인 사물 내지 자연 운행의 현상에서부터 사람
사이에 이루어지는 일까지 포괄한다. 이처럼 물의 지
시 내용이 여러 가지인 만큼 理(이)도 사물의 본질 및
속성, 자연 운행의 규칙과 같은 물리(物理)에서부터
사람이 마땅히 따라야 할 도리인 윤리(倫理)까지 포
괄하고 있다.

주자학에서는 보편적인 지(知), 즉 물리와 윤리를
아우르는 진리의 존재를 상정하고 있다.

그리하여 격물을 통해 알게 된 지(知)는 사람 간의
윤리에도 모두 적용 가능한 것으로 여기고 있는 것이
다. 그리고 이렇게 알게 된 '지'를 통해 윤리의 절대진
리를 파악할 수 있다고 생각하고 있다. 그리고 이러한
보편적인 지(知)를 다른 표현으로 理(리)라고 말하는
것이다.

'리'의 가장 중요한 의미는 사물의 법칙과 도덕윤리
이다. 그리고 두 가지는 통일적인 것으로, 도덕윤리란
사실상 우주의 사물의 법칙이 인류 사회에 특별히 표
현된 것일 뿐이다.

　이렇게 理(리)의 존재를 대학의 격물치지 구절을 통해서 끌어냈다. 또한 理(리) 중의 理(리), 즉 가장 근원적인 '리'의 존재를 가정하고 이를 太極(태극)이라 하였다. 그리고 태극을 통해서 결코 변치 않는 근원적인 진리를 파악할 수 있다고 여긴다. 즉, 태극을 앎으로써 물리와 윤리를 관통하는 우주의 근원적인 보편 법칙을 알 수 있는 것이다.

원래 태극(太極)이란 북송(北宋)의 주돈이가 도입한 태극도(太極圖)와 이에 해설을 붙인 태극도설(太極圖說)에서 유래한 개념이다.

無極而太極

무극이면서 태극이다.

太極動而生陽 動極而靜 靜而生陰 靜極復動
一動一靜 互爲其根 分陰分陽 兩儀立焉

태극이 움직여서 양을 낳고 움직임이 극한에 이르면 고요해지는데 고요해져서 음을 낳는다. 고요함이 극한에 이르면 다시 움직인다. 한 번 움직임과 한 번 고요함이 뿌리가 되어 음과 양으로 나누어지니 '두 가지 양식[兩儀]'이 세워진다.

첫 구절인 '無極而太極'의 해설은 무척 중요한데 여기서부터 주돈이의 해설과 주희의 해설이 달라진다.

먼저, 주희의 입장은 '無極(무극)인 太極(태극)'으로 해설을 하여 태극이 '형태가 없는 무형의 이치'라는 것을 밝혀 놓았다는 것이다. 그리고 이 태극이 결국엔 궁극의 근원으로서의 理를 가리키는 것으로 논의를 전개해 간다.

반면 주돈이는 '태극'은 元氣(원기)가 아직 분화하지 않은 상태를 의미한다고 말한다. 즉, 태극은 천지가 분화하기 전의 원기를 말하는 것으로, 뒤섞인 상태로 하나인 것이다. 그러므로 태극은 아직 분화되지 않은 혼돈 상태의 근원 물질을 가리키고 근원물질 자체로서 태극은 형체가 없고, 무한하다. 이것이 "무극이면서 태극이다"라는 말의 의미이다. 결국 주돈이는 태

극 원기를 자연 현상의 무한한 다양성에 대한 통일적

기초로 삼았다. 그러므로 그의 우주론은 '氣一元論(기

일원론)'이다.

이제 '無極而太極'에 대한 필자의 견해를 전개해 보려 한다. 여기서 중요한 것은 極의 의미를 명확히 파악하는 것이다. 極은 '끝으로서의 테두리'를 의미한다. 그러면 無極은 '끝으로서의 테두리가 없다'라는 의미가 되고, 太極은 '끝으로서의 테두리가 매우 크다'라는 의미가 된다. 그리고 여기서 말하는 태극은 주돈이가 역설한 것처럼 元氣(원기)라고 생각한다. 그리고 氣라는 것은 현대 물리학에서의 '에너지'를 말하는 것이라고 생각한다.

여러 에너지 중의 하나인 빛에너지를 예로 들어보자. 빛에너지를 예로 든 것은 빛이 시각적으로 판별이 용이하기 때문이다. 열에너지일 수도 있고, 원자력에너지일 수도 있겠다. 어쨌든 빛에너지를 예로 든다면, 빛이 중심에서 퍼져 나가는 것을 가정해 보자. 이 빛의 끝이 있는가? 이 빛의 끝이 없는가? 끝이 있다고도 할 수 없고, 없다고도 할 수 없다. 그렇기에 '無極而太極'인 것이다.

이와 같은 설명 방식을 따른다면 필자는 기일원론의 입장을 견지하게 된다. 즉, 기의 聚散(취산)에 의해 만물은 생겨나고 없어지는 것이다.

그렇다면 理(리), 性(성), 心(심)은 각각 무엇인가?

理(리)는 물질[기가 응취된 것]의 결합 법칙을 말한다. 예를 들어, 물은 수소 2개와 산소 1개의 특정한 결합에 의해 생겨난다. 이 특정한 결합 방식이 물의 '리'인 것이다. 이는 비단 비생명체에만 적용할 수 있는 것은 아니다.

개를 구성하는 물질 요소가 특정한 방식[犬理(견리)]으로 결합하면 개가 되는 것이고, 인간을 구성하는 물질 요소가 특정한 방식[人理(인리)]으로 결합하면 인간이 되는 것이다. 여기까지는 물리적 형태로서의 존재를 말하는 것이다. 그리고 이러한 결합에 의해 개의 성[犬性(견성)]이 나오고 인간의 성[人性(인성)]이 나온다. 또한 물도 마찬가지로 물의 성[水性(수성)]을 갖게 되고 돌은 돌의 성[石性(석성)]을 갖게 된다.

　그렇다면 견성, 인성과 수성, 석성의 차이점은 무엇
인가? 유기물의 결합인 견성, 인성은 능동적인 에너지
의 운용이 가능하고 그렇지 않은 수성, 석성은 능동
적인 에너지의 운용이 불가능하다.

　그리고 또 한 가지 주목해야 할 차이점이 있는데,
바로 마음[心(심)]의 유무이다. 개, 인간은 마음이 있
지만 물, 돌 등은 그렇지 못하다. 한 가지 더. 개의 경
우도 희, 노, 애, 락의 심이 분명 존재한다. 먹을 것을
주면 기뻐하고, 주인과 떨어지게 되면 슬퍼한다. 그러
나 인간의 심은 다른 어떤 존재와도 다른 특수성을
가지고 있는데 그것의 발현으로 주변에 의미 있는 영
향력을 미친다는 것이다. 미친 독재자의 분노는 미사
일을 발사시키고, 마음이 착한 이의 행동은 주변 사
람을 감동시킨다. 개를 비롯한 다른 생명체들은 이러
한 의미를 갖지 못한다.

『중용』에 다음과 같은 구절이 있다.

喜怒哀樂之發 爲之中 發而皆中節 爲之和.

中也者 天下之大本也 和也者 天下之達道也

致中和 天地位焉 萬物育焉.

기쁨, 노여움, 슬픔, 즐거움이 아직 드러나지

않은 것을 中(중)이라고 하고, 드러나더라도

모두 적절한 정도에 맞는 것을 和(화)라고 한다.

중이라는 것은 천하의 가장 큰 근본이요,

화라는 것은 천하에 두루 통하는 도리이다.

중화를 지극히 하면 하늘과 땅이 바르게 되며,

만물이 제대로 생기고 자라게 된다.

즉, 인간의 심이 천하에 갖는 의의를 밝혀 놓은 것
이다.

그렇다면 희로애락은 어떻게 갖는 것이 정도에 맞는 것일까?

흔히 남자는 양이요, 여자는 음이라고 한다. 그렇다면 남자는 항상 고정적으로 양일 뿐이고 여자는 항상 음일 뿐인가?

다음의 예를 들어 보자.

왕과 신하가 있다고 가정하고, 왕이 양이요 신하가 음이라고 치자.

그런데 갑이라는 사람이 신하이면서 남편이라면 갑의 역할은 음인가, 양인가? 어느 존재를 고정적으로 양, 음으로 말할 수 없고, 그 상황에 따라 음이어야 할 때도 있고, 양이어야 할 때도 있는 것이다.

이와 같은 논리로 희, 노, 애, 락도 각각 상황에 따라 발현되어야 할 감정이 바뀌는 것이다. 상갓집에 가서 '희'하여도 안 되고, 잔칫집에 가서 '애'하여서도 안 되는 것이다. 그리고 이런 상황의 가짓수는 수천, 수만 가지가 될 수 있으며, 따라서 상황에 따라 정도에 맞아야 하는 것이다.

이와 같은 수련은 인간만이 가능하다. 인간은 자신의 감정에 대한 내적 투사가 가능한 존재이다. 한마디로 말해서 자신의 지나간 감정, 행동에 반성이 가능한 존재인 것이다. 이러한 반성의 행위가 道(도)를 닦는 행위이며 수천, 수만 번 이상 자기 수련을 통해 상황에 맞는 희로애락을 갖는 '中和(중화)'를 이루게 되는 것이다.

이러한 중화를 이루어 가는 인물이 聖人(성인)이고, 인간은 누구나 마음이 있고 자신의 감정발현에 대해서 솔직한 자기반성이 가능한 존재임을 상기한다면, 누구나 성인이 될 수 있다. 그리고 이러한 치심(治心)의 경지에 다다른 이가 지도자의 지위에 오를 수 있고, 이때 진정한 도가 실현되는 사회가 된다. 중용의 표현을 빌리자면 '하늘과 땅이 바르게 되며, 만물이 제대로 생기고 자라게 되는' 것이다.

이 글의 첫 구절에 바둑기사 이세돌과 알파고의 바둑 대결을 통해 한 문제 제기를 기억할 것이다. 즉, 인공지능이 고차원적인 사고가 필요한 행위도 가능하다면 과연 인간의 존재의의는 무엇인가?

인공지능에게는 마음[心(심)]이 결여되어 있고, 바꾸어 말하면 인간에게는 마음[心(심)]이 있기에 인공지능과 다른 존재인 것이다. 그리고 이러한 마음을 다듬어 가는 행위만이 인간이 인간이게 하는, 인간만의 존재 의의가 될 것이다.